AF234731

Impressum
Verlag: BABADADA GmbH, Nedderfeld 112 , 22529 Hamburg
Geschäftsführer / Verlagsleitung: Harald Hof
Druck: Books on Demand GmbH, In de Tarpen 42, 22848 Norderstedt

Imprint
Publisher: BABADADA GmbH, Nedderfeld 112 , 22529 Hamburg, Germany
Managing Director / Publishing direction: Harald Hof
Print: Books on Demand GmbH, In de Tarpen 42, 22848 Norderstedt, Germany

la escuela

școală

el aula
sală de clasă

dividir
a împărți

la pizarra
tablă

el patio
curte a școlii

el maestro/a
profesor

el papel
hârtie

escribir
a scrie

el bolígrafo
instrument de scris

el escritoria
masă de birou

la regla
riglă

el libro
carte

el alumno/a
elev

la cartera

ghiozdan

la caja de lápices

penar

el lápiz

creion

el sacapuntas

ascuțitoare

la goma de borrar

radieră

el cuaderno de dibujo

bloc de desen

el dibujo

desen

el pincel

pensulă

la caja de pinturas

cutie de acuarele

las tijeras

foarfece

el pegamento

lipici

el cuaderno de ejercicios

caiet de exerciții

los deberes

temă

el número

număr

sumar

a aduna

restar

a scădea

multiplicar

a multiplica

calcular

a calcula

la letra

literă

el alfabeto

alfabet

la palabra

cuvânt

el texto

text

leer

a citi

la tiza

cretă

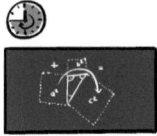

la lección

oră

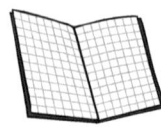

el cuaderno de notas

catalog

el examen

examen

el certificado

certificat

el uniforme

uniformă școlară

la educación

educație

la enciclopedia

enciclopedie

la universidad

universitate

el microscopio

microscop

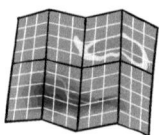

el mapa

hartă

la papelera

coș de gunoi

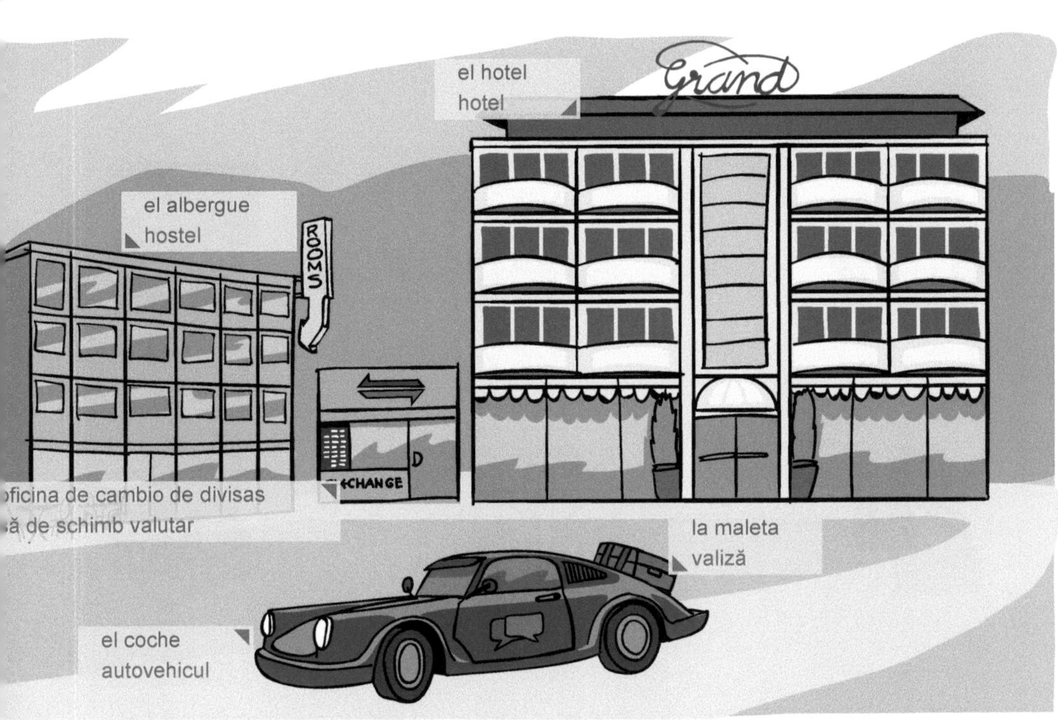

el hotel
hotel
Grand
el albergue
hostel
ROOMS
ficina de cambio de divisas
ă de schimb valutar
la maleta
valiză
el coche
autovehicul

el idioma

limbă

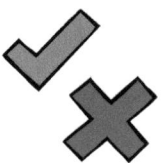

sí / no

da/nu

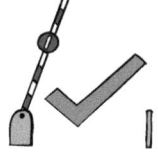

Vale

okay

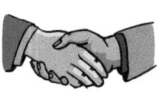

hola

Bună!

el traductor

interpret

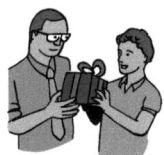

Gracias

mulțumesc

¿cuánto es...?

Cât costă...?

No entiendo

Nu înțeleg

el problema

problemă

¡Buenas tardes!

Bună seara!

¡Buenos días!

Bună dimineața!

¡Buenas noches!

Noapte bună!

adiós

la revedere

la dirección

direcție

el equipaje

bagaj

la bolsa

geantă

la mochila

rucsac

el invitado

oaspete

la habitación

cameră

el saco de dormir

sac de dormit

la tienda de campaña

cort

la información turística

punct de informare turistică

la playa

plajă

la tarjeta de crédito

carte de credit

el desayuno

mic dejun

el almuerzo

masa de prânz

la cena

cină

el billete

bilet de călătorie

el ascensor

lift

el sello

timbru poștal

la frontera

graniță

la aduana

vamă

la embajada

ambasadă

la visa

viză

el pasaporte

pașaport

el viaje - călătorie

7

el transporte
transport

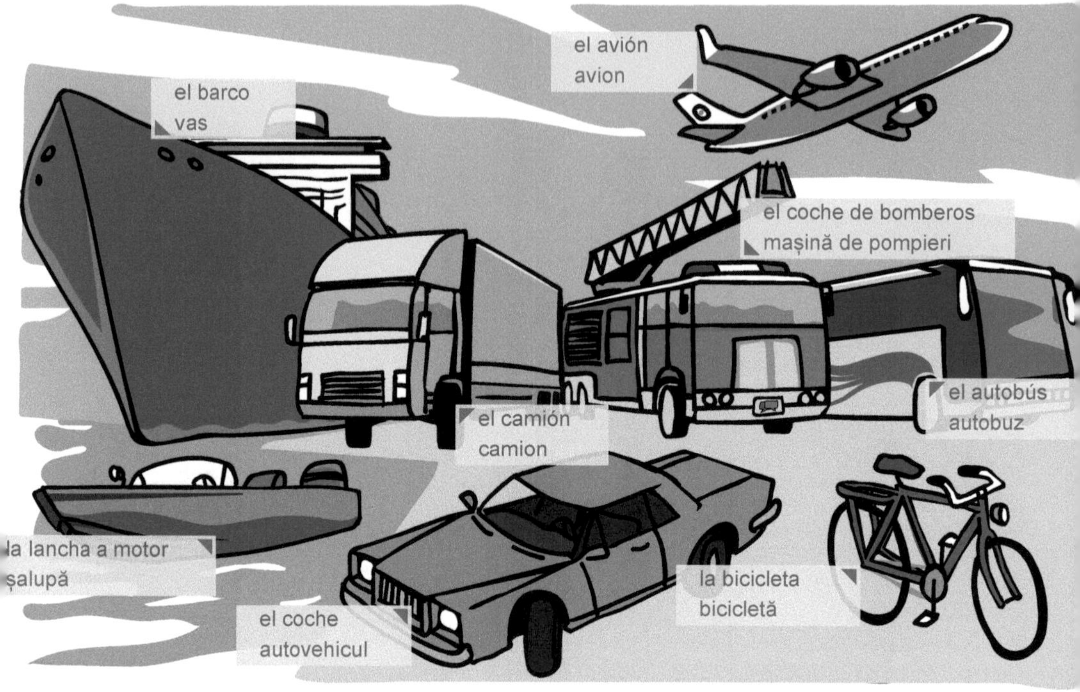

el avión
avion

el barco
vas

el coche de bomberos
mașină de pompieri

el autobús
autobuz

el camión
camion

la lancha a motor
șalupă

la bicicleta
bicicletă

el coche
autovehicul

el transbordador

feribot

la barca

barcă

la moto

motocicletă

el coche de policía

mașină de poliție

el coche de carreras

mașină de curse

el coche de alquiler

mașină închiriată

el préstamo de vehículos

car sharing

la grúa

mașină de tractat

el camión de la basura

mașină de gunoi

el motor

motor

la gasolina

combustibil

la gasolinera

benzinărie

la señal de tráfico

semn de circulație

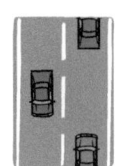

el tráfico

trafic

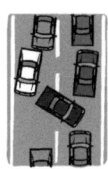

el atasco

ambuteiaj

el aparcamiento

parcare

la estación de tren

gară

las vías

șine

el tren

tren

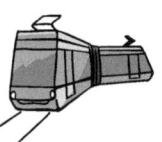

el tranvía

tramvai

el vagón

vagon

el helicóptero
elicopter

el aeropuerto
aeroport

la torre
turn

el pasajero
pasager

el contenedor
container

la caja de cartón
carton

la carretilla
căruță

la cesta
coș

despegar / aterrizar
a decola/a ateriza

la ciudad

oraș

el pueblo
sat

el centro de la ciudad
centru

la casa
casă

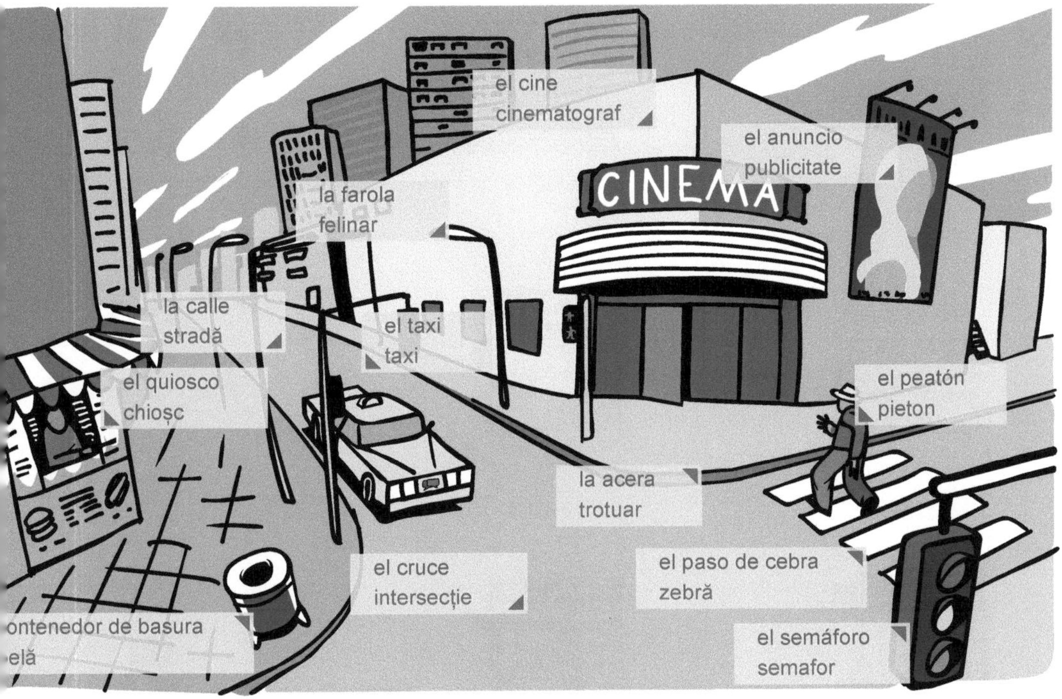

el cine
cinematograf

el anuncio
publicitate

la farola
felinar

CINEMA

la calle
stradă

el taxi
taxi

el quiosco
chiosc

el peatón
pieton

la acera
trotuar

el cruce
intersecție

el paso de cebra
zebră

ontenedor de basura
elă

el semáforo
semafor

la cabaña
cabană

el apartamento
apartament

la estación de tren
gară

el ayuntamiento
primărie

el museo
muzeu

la escuela
școală

la ciudad - oraș

11

la universidad

universitate

el banco

bancă

el hospital

spital

el hotel

hotel

la farmacia

farmacie

la oficina

birou

la librería

librărie

la tienda de campaña

magazin

la floristería

florărie

el supermercado

supermarket

el mercado

piață

los grandes almacenes

magazin universal

la pescadería

comerciant de pește

el centro comercial

centru comercial

el puerto

port

el parque

parc

el banco

bancă

el puente

pod

las escaleras

trepte

el metro

metrou

el túnel

tunel

la parada de autobús

stație de autobuz

el bar

bar

el restaurante

restaurant

el buzón

cutie poștală

el poste indicador

tăbliță indicatoare cu
numele străzii

el parquímetro

parcometru

el zoo

grădină zoologică

la piscina

piscină

la mezquita

moschee

la granja

gospodărie țărănească

la contaminación

poluare

el cementerio

cimitir

la iglesia

biserică

el patio de juego

loc de joacă

el templo

templu

el paisaje
peisaj

la hoja
frunză

la señal
indicator

el camino
drum

el prado
pajiște

la piedra
piatră

el excursionista
drumeț

el árbol
copac

el río
râu

la hierba
iarbă

la flor
floare

el paisaje - peisaj

el valle

vale

la colina

deal

el lago

lac

el bosque

pădure

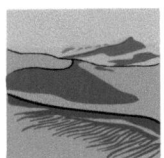

el desierto

deșert

el volcán

vulcan

el castillo

castel

el arcoíris

curcubeu

el champiñón

ciupercă

la palmera

palmier

el mosquito

țânțar

la mosca

muscă

la hormiga

furnică

la abeja

albină

la araña

păianjen

el escarabajo

gândac

la rana

broască

la ardilla

veveriță

el erizo

arici

la liebre

iepure

la lechuza

bufniță

el pájaro

pasăre

el cisne

lebădă

el jabalí

porc mistreț

el ciervo

cerb

el alce

elan

la presa

dig

la turbina eólica

turbină eoliană

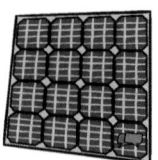

el panel solar

panou solar

el clima

climă

16   el paisaje - peisaj

el restaurante
restaurant

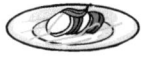

el camarero
chelnăr
el menú
meniu
la silla
scaun
la sopa
supă
la pizza
pizza
la cubertería
tacâmuri
el mantel
față de masă

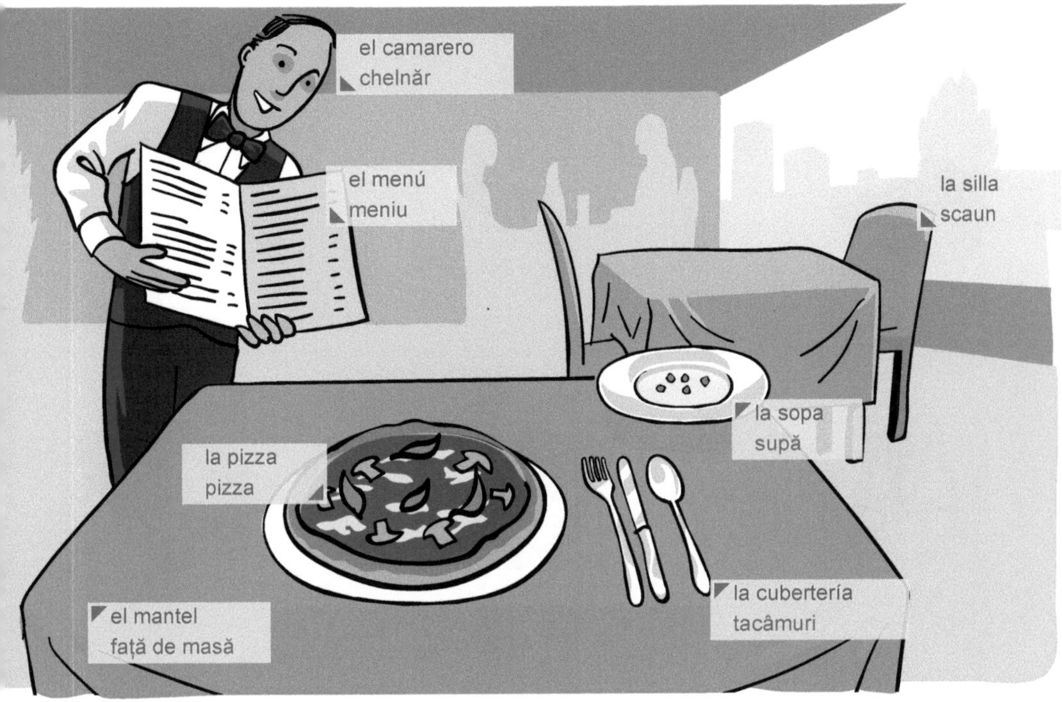

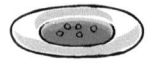

el primer plato

antreu

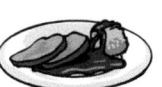

el plato principal

fel principal

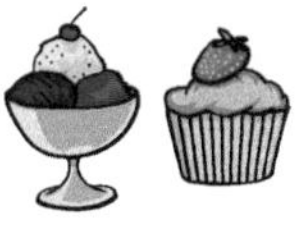

el postre

desert

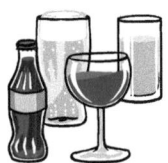

las bebidas

băuturi

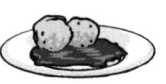

la comida

mâncare

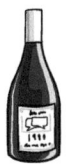

la botella

sticlă

la comida rápida

fastfood

la comida callejera

streetfood

la tetera

ceainic

el azucarero

zaharniță

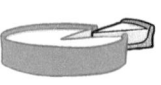

la porción

porție

la cafetera expreso

espressor

la trona

scaun înalt (pentru copii)

la cuenta

factură

la bandeja

tavă

el cuchillo

cuțit

el tenedor

furculiță

la cuchara

lingură

la cucharilla

linguriță

la servilleta

șervețel

el vaso

pahar

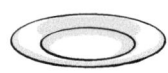

el plato

farfurie

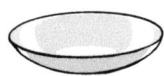

el plato hondo

farfurie de supă

el platillo

farfurie

la salsa

sos

el salero

solniță

el molinillo de pimienta

râșniță de piper

el vinagre

oțet

el aceite

ulei

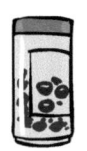 

las especias

condimente

el ketchup

ketchup

la mostaza

muștar

la mayonesa

maioneză

el supermercado
supermarket

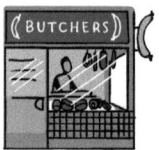

la oferta especial
ofertă
FOR
el cliente
client
los lácteos
produse lactate
la fruta
fructe
el carro de compra
cărucior de cumpărături

BUTCHERS

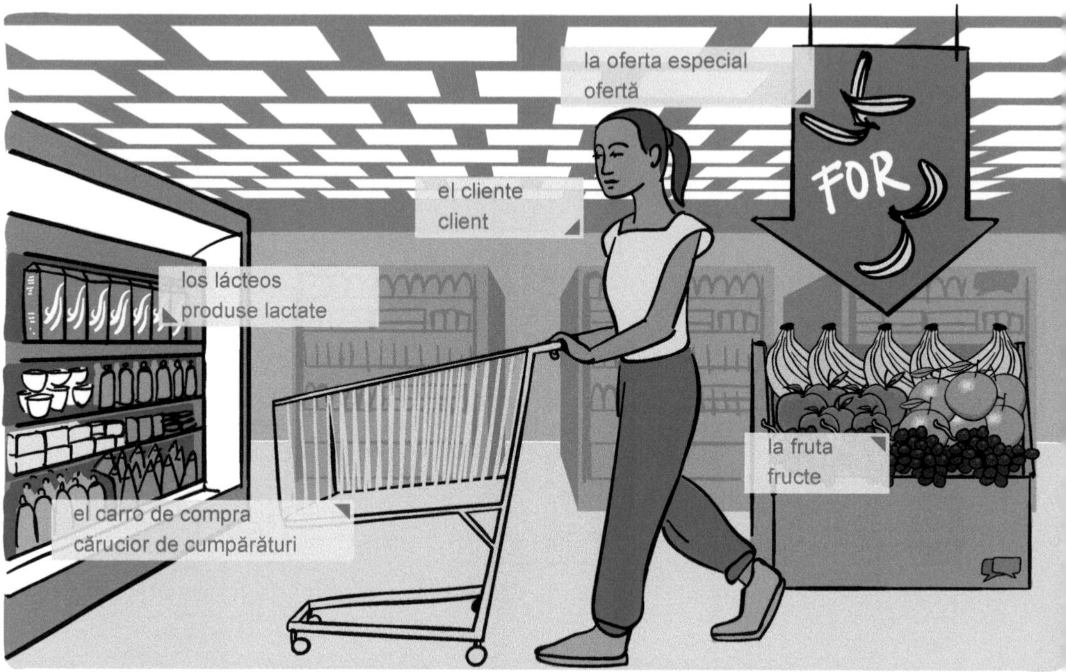

la carniceria

măcelărie

BAKERY

la panadería

brutărie

pesar

a cântări

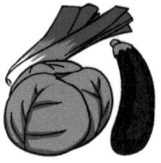

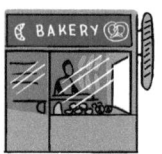

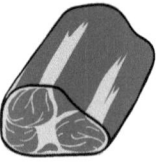

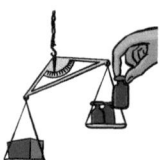

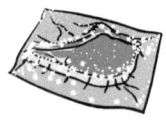

las verduras

legume

la carne

carne

los alimentos congelados

alimente refrigerate

los fiambres

mezeluri și brânzeturi feliate

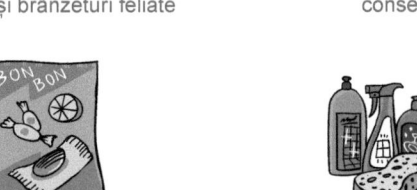

las conservas

conserve

el detergente en polvo

detergent

los dulces

dulciuri

productos de uso doméstico

articole de menaj

productos de limpieza

produse de curățenie

la vendedora

vânzătoare

la caja de cartón

casă

el cajero

casier

la lista de la compra

listă de cumpărături

el horario de atención al
público

orar

la cartera

portmoneu

la tarjeta de crédito

carte de credit

la bolsa de plástico

geantă

la bolsa de plástico

pungă de plastic

las bebidas
băuturi

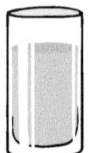

el agua

apă

el zumo

suc

la leche

lapte

la cola

cola

el vino

vin

la cerveza

bere

el alcohol

alcool

el cacao

cacao

el té

ceai

el café

cafea

el expreso

espresso

el capuchino

cappucino

el plátano

banane

la manzana

măr

la naranja

portocală

el melón

pepene

el limón

lămâie

la zanahoria

morcov

el ajo

usturoi

el bambú

bambus

la cebolla

ceapă

el champiñón

ciupercă

las avellanas

nuci

los fideos

paste făinoase

las espagueti

spagheti

el arroz

orez

la ensalada

salată

las patatas fritas

cartofi prăjiți

las patatas fritas

cartofi țărănești

la pizza

pizza

la hamburguesa

hamburger

el sándwich

sandwich

el filete

șnițel

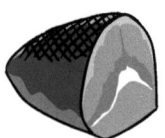

el jamón

șuncă

le salami

salam

la salchicha

cârnați

el pollo

pui

el asado

friptură

el pescado

pește

los copos de avena

fulgi de ovăz

el muesli

musli

los copos de maíz

cereale

la harina

făină

el cruasán

corn

el panecillo

chifle

el pan

pâine

la tostada

pâine prăjită

las galletas

biscuiți

la mantequilla

unt

la cuajada

brânză de vaci

el pastel

prăjitură

el huevo

ou

el huevo frito

ouă ochiuri

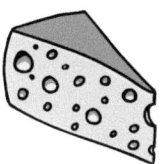

el queso

brânză

la comida - mâncare

25

el helado

înghețată

el azúcar

zahăr

la miel

miere

la mermelada

marmeladă

la crema de turrón

cremă nuga

el curry

curry

la granja
gospodărie țărănească

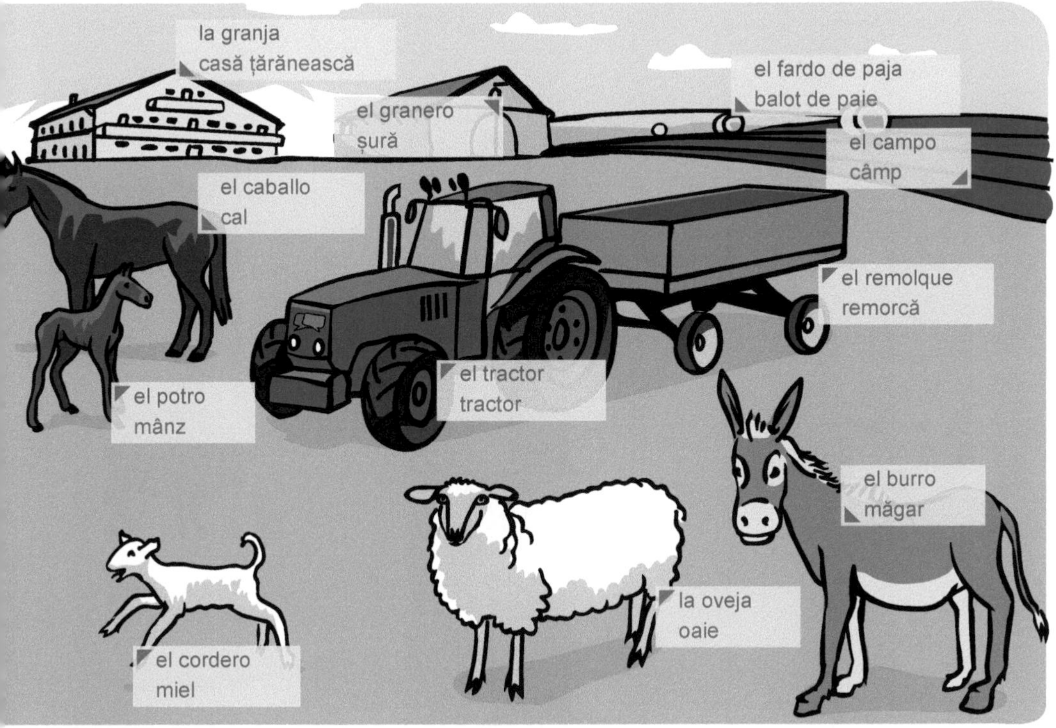
la granja
casă țărănească
el granero
șură
el fardo de paja
balot de paie
el campo
câmp
el caballo
cal
el remolque
remorcă
el tractor
tractor
el potro
mânz
el burro
măgar
la oveja
oaie
el cordero
miel

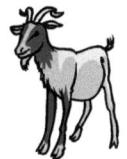

la cabra

capră

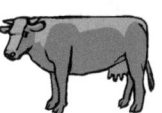

la vaca

vacă

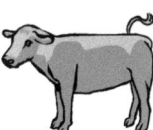

el ternero

vițel

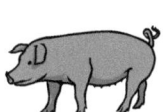

el cerdo

porc

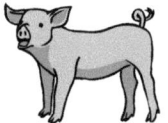

el cerdito

purcel

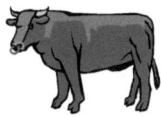

el toro

taur

el ganso

găină

el pato

rață

el pollo

pui

la gallina

găină

el gallo

cocoș

la rata

șobolan

el gato

pisică

el ratón

șoarece

el buey

bou

el perro

câine

la perrera

cușcă

la manguera

furtun de grădină

la regadera

stropitoare

la guadaña

coasă

el arado

plug

la hoz

secerǎ

la azada

sapǎ

la horca

furcǎ

el hacha

secure

la carretilla

roabǎ

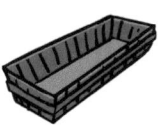

el abrevadero

troacǎ

la lechera

canǎ pentru lapte

el saco

sac

la valla

gard

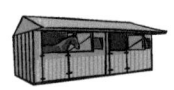

el establo

grajd

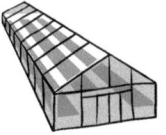

el invernadero

serǎ

el suelo

sol

la semilla

sǎmânţǎ

el fertilizador

fertilizator

la cosechadora

combinǎ de treierat

la granja - gospodǎrie ţǎrǎneascǎ 29

cosechar

a culege

la cosecha

recoltă

el ñame

cartof yam

el trigo

grâu

el soja

soia

la patata

cartof

el maíz

porumb

la semilla de colza

rapiță

el árbol frutal

pom fructifer

la mandioca

manioc

las cereales

cereale

la casa
casă

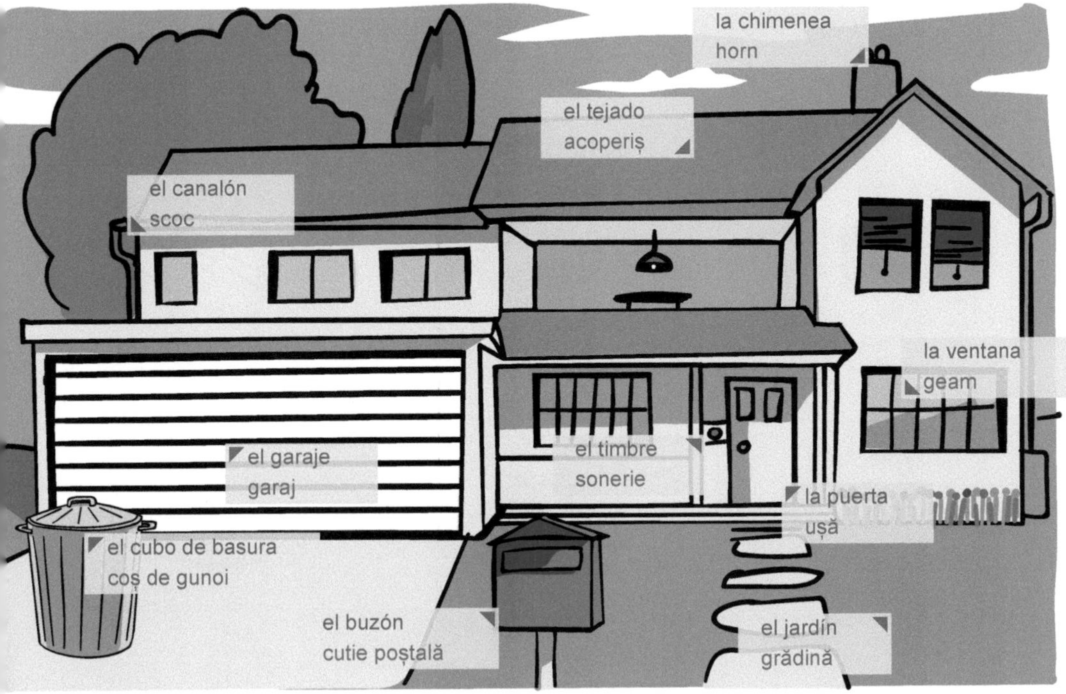

la chimenea
horn
el tejado
acoperiș
el canalón
scoc
la ventana
geam
el garaje
garaj
el timbre
sonerie
la puerta
ușă
el cubo de basura
coș de gunoi
el buzón
cutie poștală
el jardín
grădină

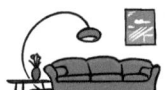

la sala

camera de zi

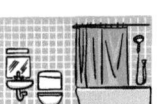

el cuarto de baño

baie

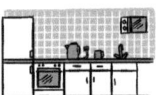

la cocina

bucătărie

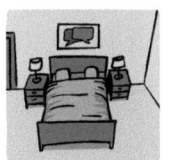

el dormitorio

dormitor

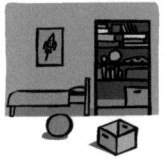

la habitación de los niños

camera copiilor

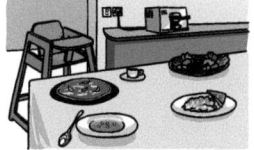

el comedor

sufragerie

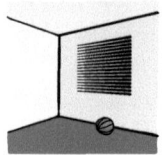

el suelo

podea

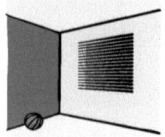

la pared

perete

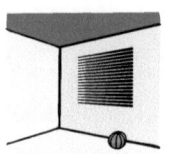

el techo

tavan

el sótano

pivniță

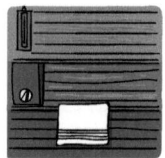

la sauna

saună

el balcón

balcon

la terraza

terasă

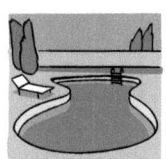

la piscina

piscină

el cortacésped

mașină de tuns iarba

la sábana

cearșaf

la colcha

cuvertură

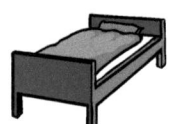

la cama

pat

la escoba

mătură

el balde

găleată

el interruptor

întrerupător

la sala

cameră de zi

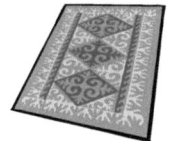

el papel pintado
tapet
la imagen
pictură
la lámpara
lampă
el estante
raft
el armario
dulap
la televisión
televizor
la chimenea
șemineu
la flor
floare
el cojín
pernă
el sofá
sofa
el jarrón
vază
el mando a distancia
telecomandă

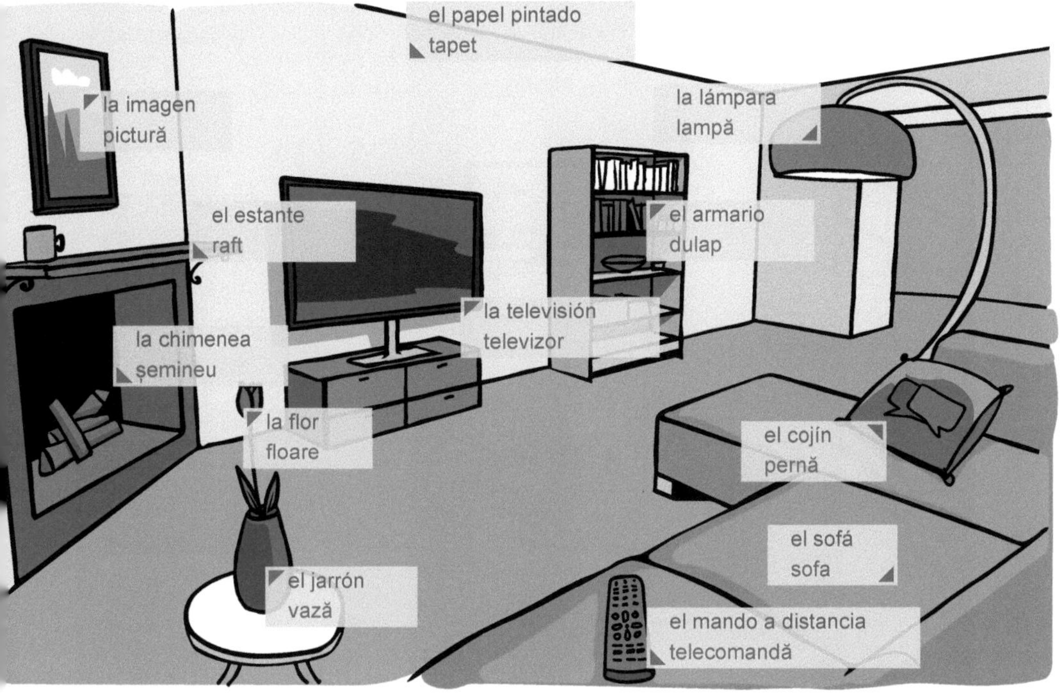

la alfombra

covor

la cortina

perdea

la mesa

masă

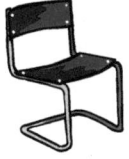

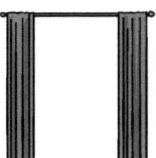

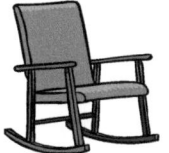

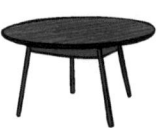

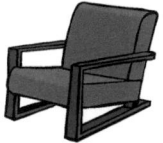

la silla

scaun

el mecedora

balansoar

la butaca

fotoliu

el libro

carte

la manta

pătură

la decoración

decoraţiune

la leña

lemn de foc

la película

film

el equipo de música

instalaţie stereo

la llave

cheie

el periódico

ziar

la pintura

desen

el póster

poster

la radio

radio

el cuaderno

caiet de notiţe

la aspiradora

aspirator

el cactus

cactus

la vela

lumânare

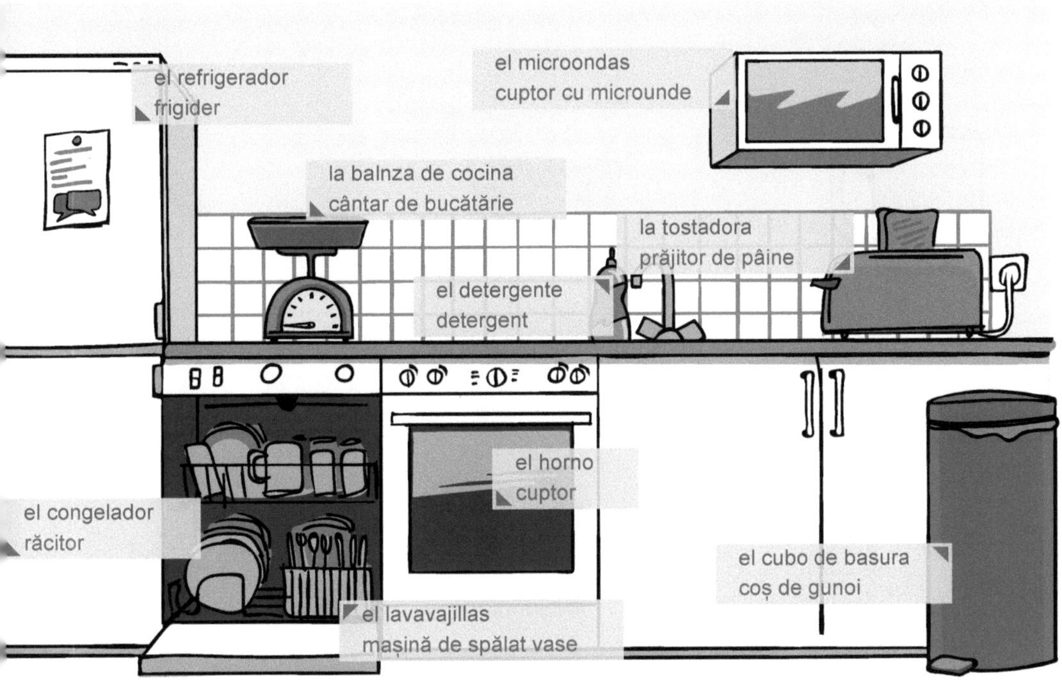

el refrigerador
frigider

el microondas
cuptor cu microunde

la balnza de cocina
cântar de bucătărie

la tostadora
prăjitor de pâine

el detergente
detergent

el horno
cuptor

el congelador
răcitor

el cubo de basura
coş de gunoi

el lavavajillas
maşină de spălat vase

la olla a presión
cuptor

la olla
oală

la olla de hierro fundido
oală de metal

el wok
wok/kadai

la cazuela
tigaie

el hervidor
ceainic

la vaporera

oală de gătit cu aburi

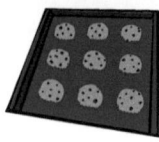

la chapa de horno

tavă de copt

la vajilla

veselă

la taza

pahar

el tazón

bol

los palillos

bețișoare

el cucharón

polonic

la espumadera

spatulă

el batidor

tel

el colador

sită

el cedazo

sită

el rallador

răzătoare

el mortero

mojar

la barbacoa

grătar

la hoguera

loc pentru grătar

la tabla de picar

tocător

el rodillo

sucitor

el sacacorchos

tirbușon

la lata

conservă

el abrelatas

deschizător de conserve

el agarrador

șervete termice

el lavabo

chiuvetă

el cepillo

perie

la esponja

burete

la batidora

mixer

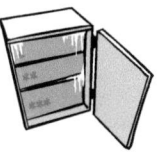

el congelador

ladă frigorifică

el biberón

biberon

el grifo

robinet

la cocina - bucătărie

el cuarto de baño
baie

la calefacción
încălzire

la ducha
duș

la toalla
prosop

la cortina de la ducha
perdea de duș

el baño de espuma
baie cu spumă

la bañera
cadă

el vaso
pahar

la lavadora
mașină de spălat

las baldosas
gresie

el grifo
robinet

el orinal
oală de noapte

el lavabo
chiuvetă

el inodoro

toaletă

el inodoro rústico

toaletă turcească

el bidé

bideu

el urinario

pisoir

el papel higiénico

hârtie igienică

la escobilla del váter

perie de toaletă

el cepillo de dientes

periuță de dinți

la pasta de dientes

pastă de dinți

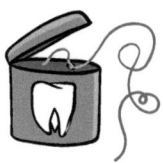

el hilo dental

ață dentară

lavar

a spăla

la ducha de mano

cap de duș

la ducha íntima

duș intim

la pila

lavoar

el cepillo de espalda

perie pentru spate

el jabón

săpun

el gel de ducha

gel de duș

el champú

șampon

la toallita

cârpă de spălat

el desagüe

scurgere

la crema

cremă

el desodorante

deodorant

el espejo

oglindă

el espejo de tocador

oglindă cosmetică

la maquinilla de afeitar

aparat de ras

la espuma de afeitar

spumă de ras

la loción postafeitado

aftershave

el peine

pieptene

el cepillo

perie

el secador

uscător de păr

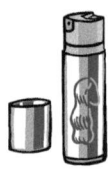

la laca

fixator

el maquillaje

machiaj

el pintalabios

ruj

el pintauñas

lac de unghii

el algodón

vată

el cortauñas

foarfece de unghii

el perfume

parfum

el estuche de viaje

neseser

la banqueta

taburet

la balanza

cântar

el albornoz

halat de baie

los guantes de goma

mănuși de cauciuc

el tampón

tampon

la compresa

tampon

el inodoro químico

toaletă chimică

la habitación de los niños

camera copiilor

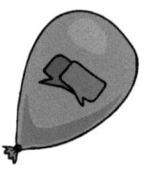

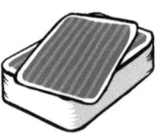

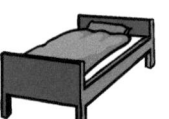

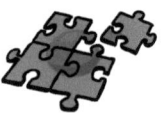

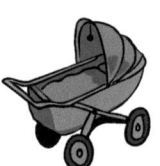

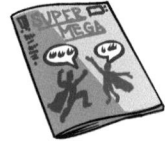

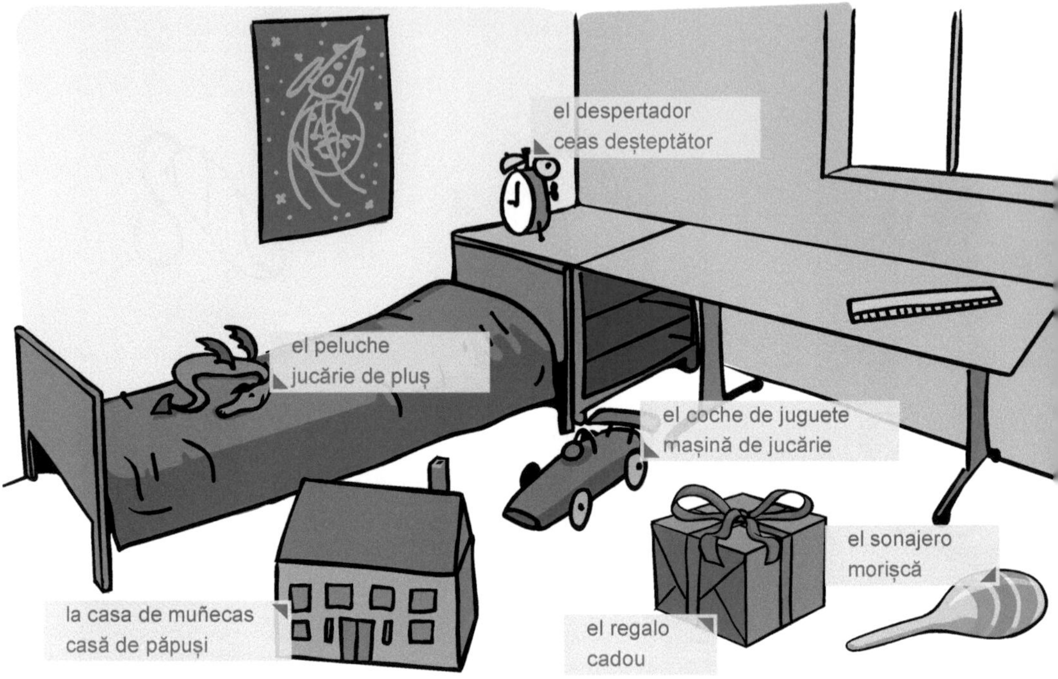

el despertador
ceas deșteptător
el peluche
jucărie de pluș
el coche de juguete
mașină de jucărie
el sonajero
morișcă
la casa de muñecas
casă de păpuși
el regalo
cadou

el globo

balon

la cama

pat

el coche de niño

cărucior de copii

los naipes

joc de cărți

el puzle

puzzle

SUPER MEGA

el tebeo

revistă de benzi desenate

las piezas de lego

cuburi lego

los bloques de juguete

piese pentru construcții

la figura de acción

personaj din filmele de acțiune

el bodi (de bebé)

body

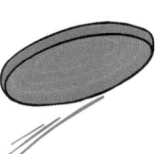

el frisbee

frisbee

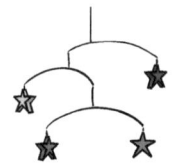

el colgador móvil para bebés

mobil

el juego de mesa

joc de societate

los dados

zar

el circuito de tren eléctrico

set trenuleț de jucărie

el maniquí

suzetă

la fiesta

petrecere

el álbum de fotos

carte cu poze

la pelota

minge

la muñeca

păpușă

jugar

a se juca

el cajón de arena

groapă de nisip

el columpio

leagăn

los juguetes

jucării

la videoconsola

consolă video

el triciclo

tricicletă

el oso de peluche

ursuleț

la guardarropa

dulap

la ropa

îmbrăcăminte

los calcetines

șosete

las medias

ciorapi

los leotardos

dres

la bufanda
șal

el paraguas
umbrelă

la camiseta
tricou

el cinturón
curea

las botas
cizme

las zapatillas
papuci

las deportivas
pantofi sport

las sandalias
sandale

los zapatos
încălțăminte

las botas de goma
cizme de cauciuc

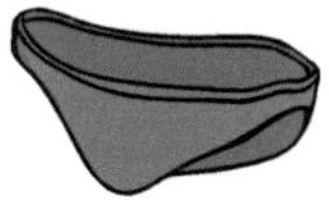

el slip
chilot

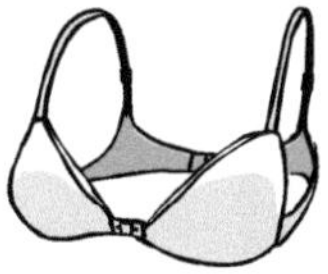

el sostén
sutien

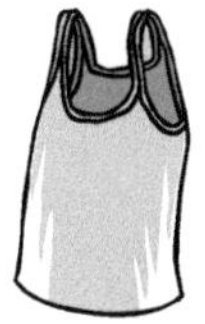

el chaleco
maiou

la ropa - îmbrăcăminte

45

el bodi

body

los pantalones cortos

pantaloni

los vaqueros

blugi

la falda

fustă

la blusa

bluză

la camisa

cămașă

el jersey

pulover

el suéter

jerseu

el blazer

sacou

la chaqueta

jachetă

el abrigo

palton

la gabardina

pelerină de ploaie

el traje

costum

el vestido

rochie

el vestido de novia

rochie de mireasă

el traje

costum

el camisón

cămașă de noapte

el pijama

pijama

el sati

sari

el bandana

batic

el turbante

turban

la burka

burka

el caftán

caftan

la abaya

abaya

el traje de baño

costum de baie

el bañador

șort

los pantalones cortos

pantaloni scurți

el chándal

trening

el delantal

șorț

los guantes

mănuși

el botón

nasture

las gafas

ochelari

el brazalete

brățară

el collar

lanț

el anillo

inel

el pendiente

cercel

la gorra

căciulă

la percha

umeraș

el sombrero

pălărie

la corbata

cravată

la cremallera

fermoar

el casco

cască

los tirantes

bretele

el uniforme

uniformă școlară

el uniforme

uniformă

el babero

baveţică

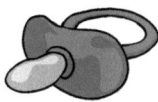

el maniquí

suzetă

el pañal

scutec

la oficina
birou

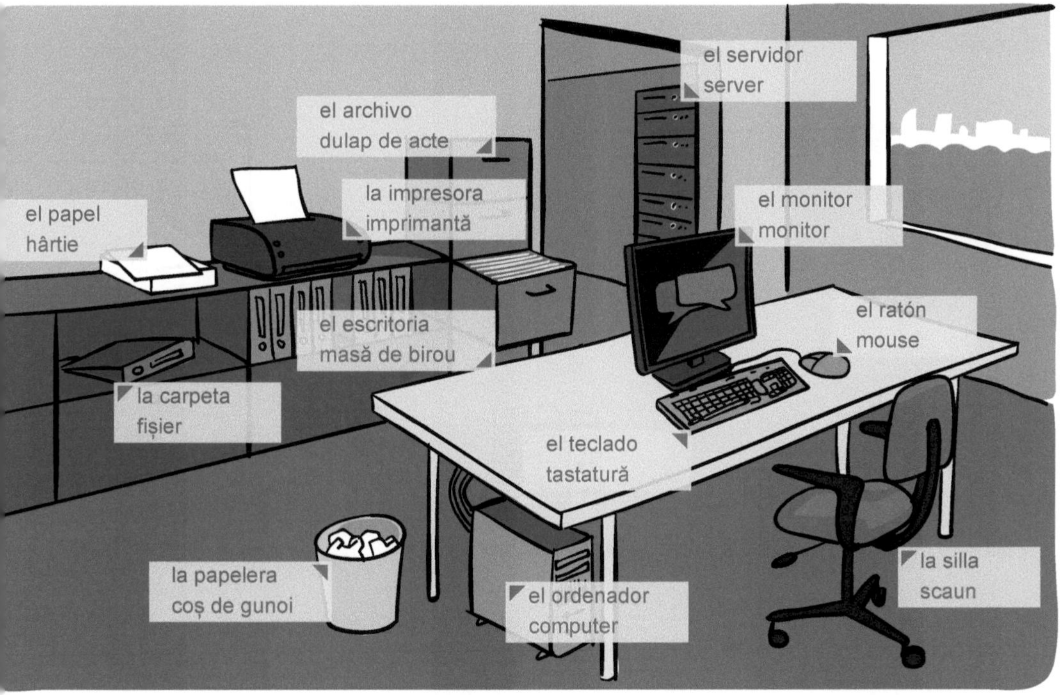

la taza de café

ceaşcă de cafea

el servidor
server

el archivo
dulap de acte

la impresora
imprimantă

el papel
hârtie

el monitor
monitor

el escritoria
masă de birou

el ratón
mouse

la carpeta
fişier

el teclado
tastatură

la papelera
coş de gunoi

la silla
scaun

el ordenador
computer

la calculadora

calculator

el internet

internet

la oficina - birou   49

el portátil

laptop

la carta

scrisoare

el mensaje

mesaj

el móvil

telefon mobil

la red

rețea

la fotocopiadora

copiator

el software

software

el teléfono

telefon

la toma de corriente

priză

el fax

fax

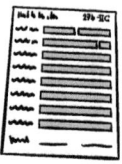

el formulario

formular

el documento

document

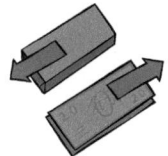

comprar

a cumpăra

pagar

a plăti

comerciar

a face comerț

el dinero

bani

 USD

el dólar

Dolar

 EUR

el euro

Euro

JPY

el yen

Yen

RUB

el rublo

Rublă

CHF

el franco suizo

Franc Elvețian

CNY

el renminbi yuan

renminbi yuan

INR

la rupia

Rupie

el cajero automático

bancomat

la oficina de cambio de divisas

casă de schimb valutar

el oro

aur

la plata

argint

el petróleo

petrol

la energía

energie

el precio

preț

el contrato

contract

el impuesto

impozit

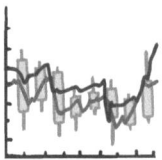

la acción

acțiune

trabajar

a munci

el empleador

angajat

el empleador

angajator

la fábrica

fabrică

la tienda de campaña

magazin

el agente de policía
polițist

el bombero
pompier

el cocinero
bucătar

el médico
medic

el piloto
pilot

el jardinero

grădinar

el carpintero

tâmplar

la costurera

cusătoreasă

el juez

judecător

el farmacéutico

chimist

el actor

actor

el conductor de autobús

șofer de autobuz

el taxista

șofer de taxi

el pescador

pescar

la señora de la limpieza

femeie de serviciu

el techador

tinichigiu

el camarero

chelnăr

el cazador

vânător

el pintor

pictor

el panadero

brutar

el electricista

electrician

el obrero

muncitor în construcții

el ingeniero

inginer

el carnicero

măcelar

el fontanero

instalator

el cartero

poștaș

el soldado

soldat

el arquitecto

arhitect

el cajero

casier

el florista

florar

el peluquero

frizer

el revisor

controlor

el mecánico

mecanic

el capitán

căpitan

el dentista

stomatolog

el científico

om de știință

el rabino

rabin

el imán

imam

el monje

călugăr

el sacerdote

preot

las herramientas
instrumente

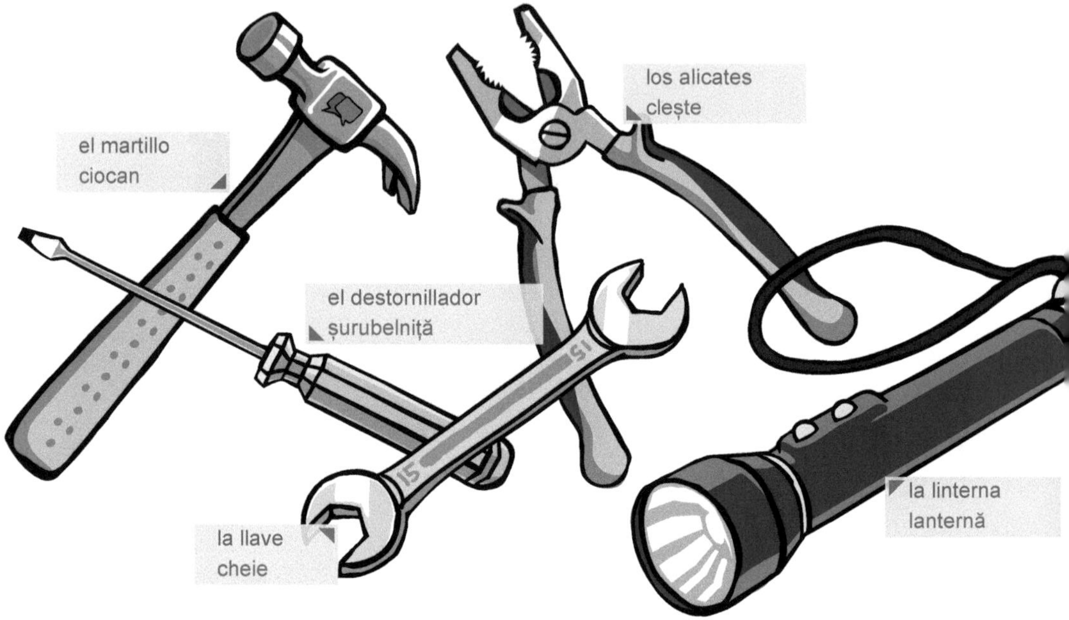

los alicates
cleşte
el martillo
ciocan
el destornillador
şurubelniţă
la linterna
lanternă
la llave
cheie

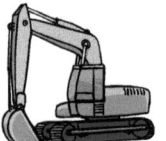

la excavadora

excavator

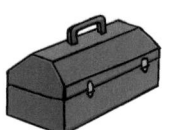

la caja de herramientas

cutie de scule

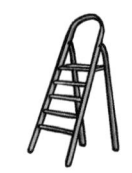

la escalera de mano

scară

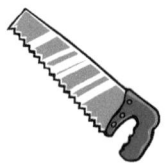

la sierra

ferăstrău

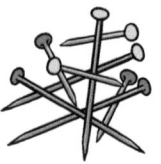

los clavos

cuie

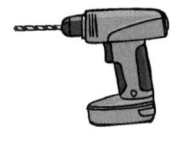

el taladro

burghiu

reparar

a repara

la pala

lopată

¡Maldita sea!

La naiba!

el recogedor

făraș

el bote de pintura

vas pentru vopsea

los tornillos

șuruburi

los instrumentos musicales
instrumente muzicale

el altavoz
difuzor

la batería
set tobe

la guitarra
chitară

el contrabajo
contrabas

la trompeta
trompetă

el piano

pian

el violín

vioară

bajo

bas

los timbales

trombon

el tambor

tobă

el teclado

keyboard

el saxofón

saxofon

la flauta

fluier

el micrófono

microfon

el zoo

grădină zoologică

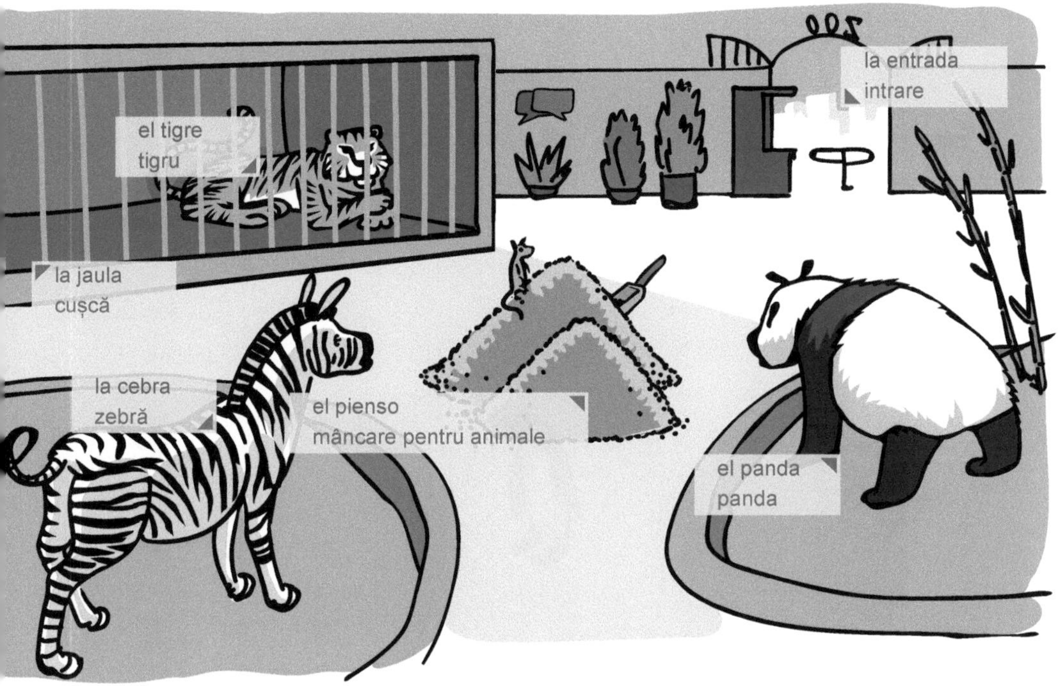

zoo
la entrada
intrare
el tigre
tigru
la jaula
cușcă
la cebra
zebră
el pienso
mâncare pentru animale
el panda
panda

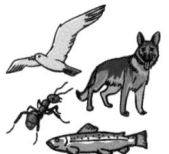

los animales

animale

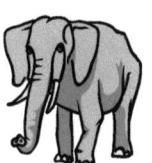

el elefante

elefant

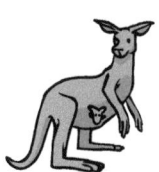

el canguro

cangur

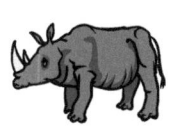

el rinoceronte

rinocer

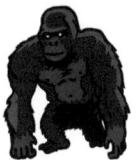

el gorila

gorilă

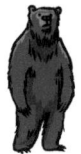

el oso

urs

el camello

cămilă

el avestruz

struț

el león

leu

el mono

maimuță

el flamingo

flamingo

el loro

papagal

el oso polar

urs polar

el pingüino

pinguin

el tiburón

rechin

el pavo real

păun

la serpiente

șarpe

el cocodrilo

crocodil

el guardián de zoológico

îngrijitor grădina zoologică

la foca

focă

el jaguar

jaguar

60   el zoo - grădină zoologică

el poni

ponei

el leopardo

leopard

el hipopótamo

hipopotam

la jirafa

girafă

el águila

acvilă

el jabalí

porc mistreț

el pescado

pește

la tortuga

broască țestoasă

la morsa

morsă

el zorro

vulpe

la gacela

gazelă

los deportes
sport

el fútbol americano
fotbal american

el ciclismo
ciclism

el tenis
tenis

el baloncesto
basketball

la natación
înot

el hockey sobre hielo
hockey pe gheață

el boxeo
box

el fútbol
fotbal

el bádminton
badminton

el atletismo
atletism

el balonmano
handbal

el esquí
schi

el polo
polo

las actividades
activități

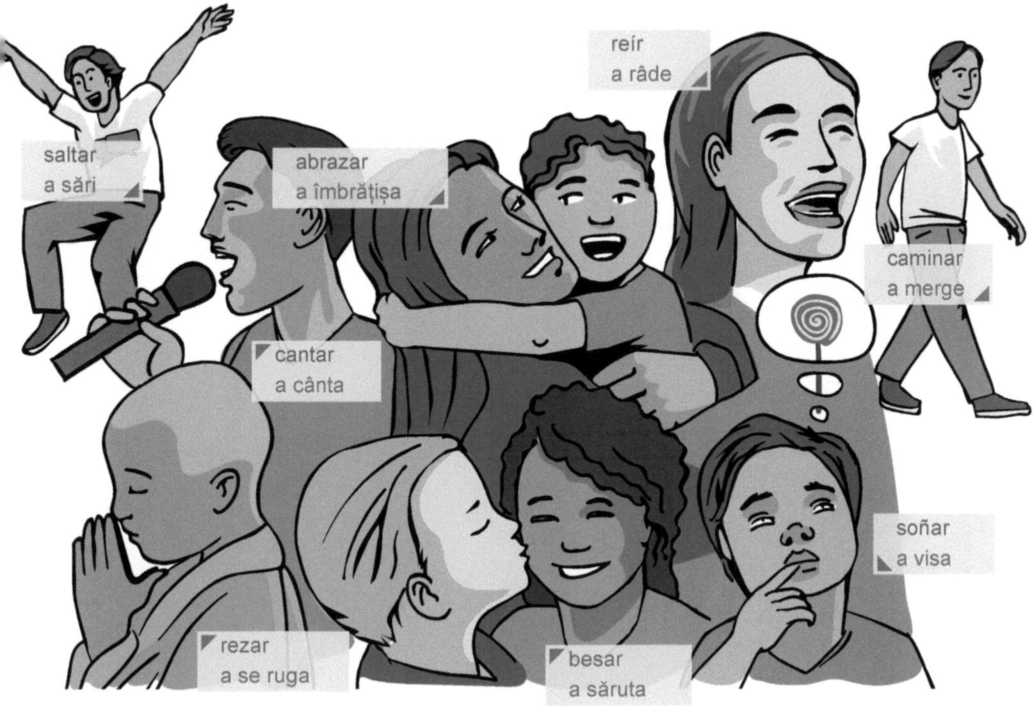
saltar
a sări
abrazar
a îmbrățișa
reír
a râde
caminar
a merge
cantar
a cânta
soñar
a visa
rezar
a se ruga
besar
a săruta

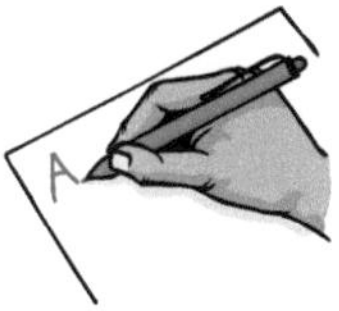

escribir

a scrie

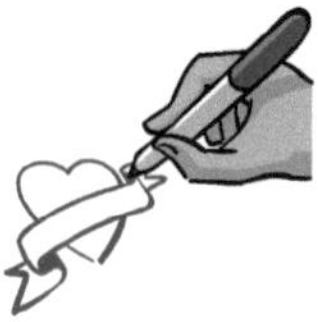

dibujar

a desena

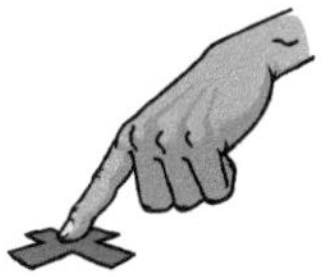

mostrar

a arăta

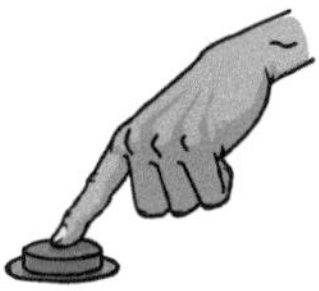

empujar

a împinge

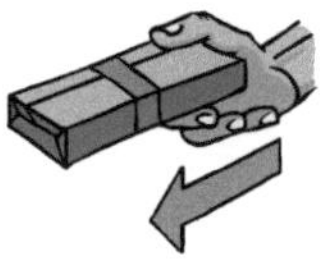

dar

a da

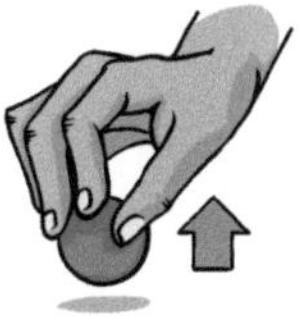

tomar

a lua

tener

a avea

hacer

a face

ser

a fi

estar de pie

a sta în picioare

correr

a fugi

tirar

a trage

tirar

a arunca

caer

a cădea

yacer

a sta întins

esperar

a aștepta

llevar

a purta

estar sentado

a ședea

vestirse

a se îmbrăca

dormir

a dormi

despertar

a se trezi

mirar

a privi

llorar

a plânge

acariciar

a mângâia

peinar

a se pieptăna

hablar

a vorbi

entender

a înțelege

preguntar

a întreba

escuchar

a asculta

beber

a bea

comer

a mânca

ordenar

a face ordine

amar

a iubi

cocinar

a găti

conducir

a conduce

volar

a zbura

navegar

a naviga

calcular

a calcula

leer

a citi

aprender

a învăţa

trabajar

a munci

casarse

a se căsători

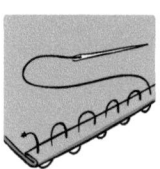

coser

a coase

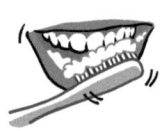

cepillarse los dientes

a se spăla pe dinţi

matar

a ucide

fumar

a fuma

enviar

a trimite

la familia
familie

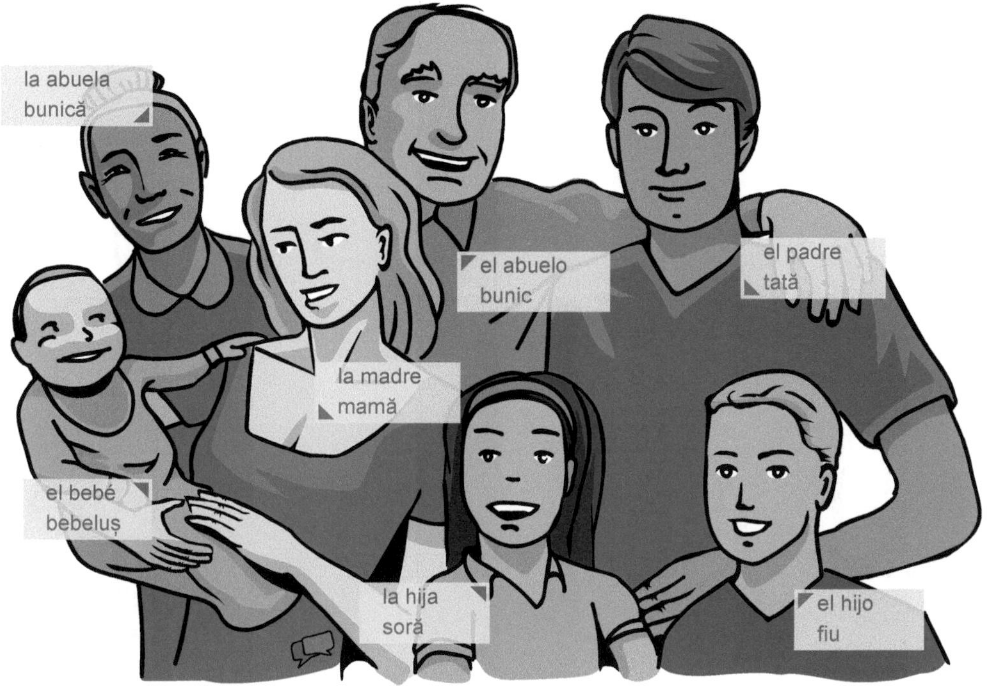

la abuela
bunică
el abuelo
bunic
el padre
tată
la madre
mamă
el bebé
bebeluș
la hija
soră
el hijo
fiu

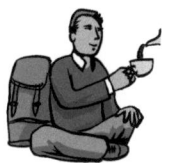

el invitado

oaspete

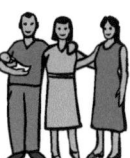

la tía

mătușă

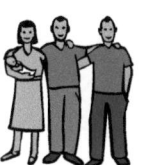

el tío

unchi

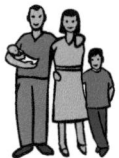

el hermano

frate

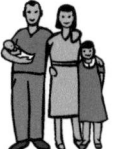

la hermana

soră

el cuerpo
corp

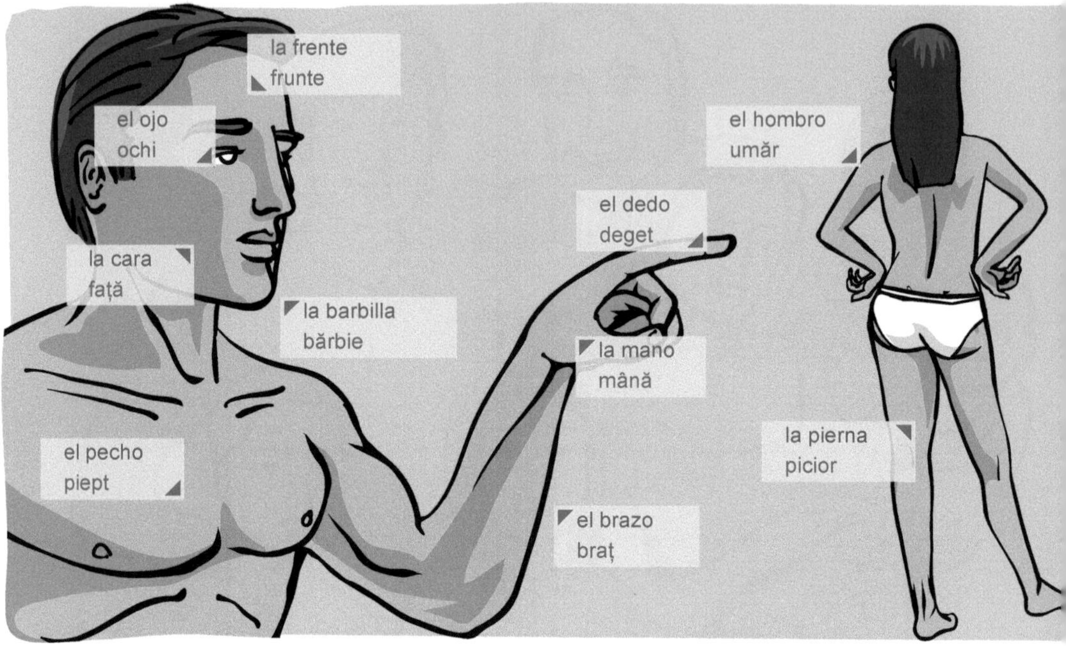
la frente
frunte
el ojo
ochi
el hombro
umăr
el dedo
deget
la cara
față
la barbilla
bărbie
la mano
mână
la pierna
picior
el pecho
piept
el brazo
braț

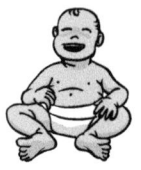

el bebé

bebeluș

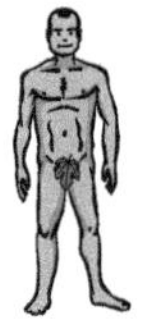

el hombre

bărbat

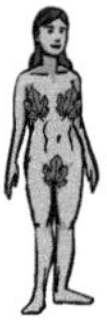

la mujer

femeie

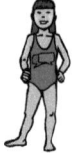

la chica

fată

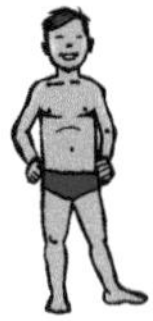

el chico

băiat

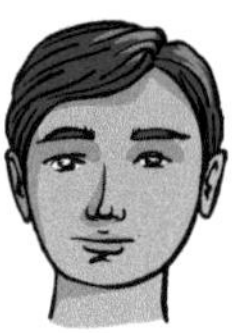

la cabeza

cap

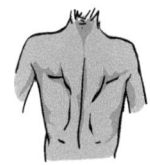

la espalda

spate

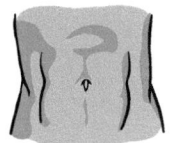

el vientre

abdomen

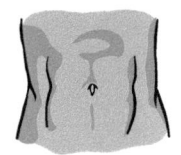

el ombligo

ombilic

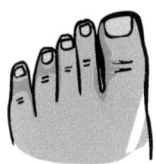

el dedo del pie

deget de la picior

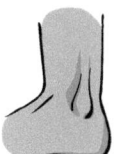

el talón

călcâi

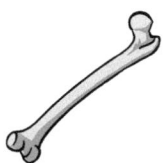

el hueso

os

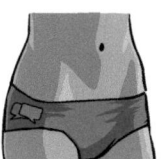

la cadera

șold

la rodilla

genunchi

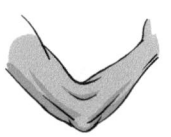

el codo

cot

la nariz

nas

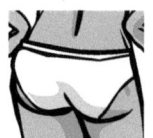

el trasero

fund

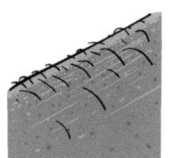

la piel

piele

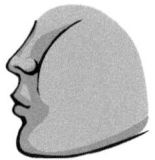

la mejilla

obraz

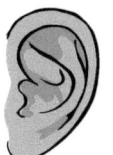

el oído

ureche

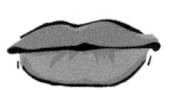

el labio

buză

la boca

gură

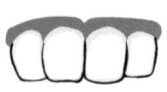

el diente

dinte

la lengua

limbă

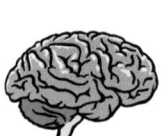

el cerebro

creier

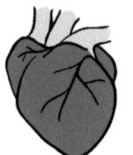

el corazón

inimă

el músculo

mușchi

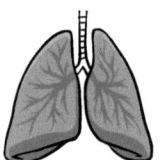

el pulmón

plămân

el hígado

ficat

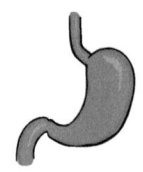

el estómago

stomac

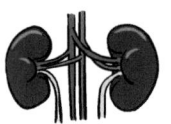

los riñones

rinichi

el sexo

sex

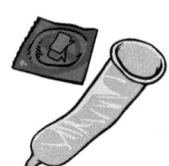

el condón

prezervativ

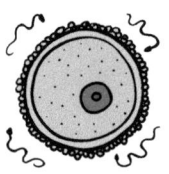

el ovario

ovul

el semen

spermă

el embarazo

sarcină

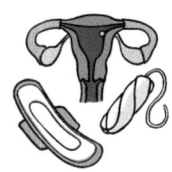

la menstruación

menstruație

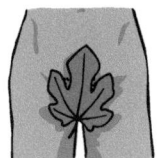

la vagina

vagin

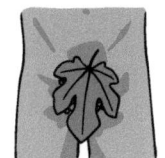

el pene

penis

la ceja

sprânceană

el pelo

păr

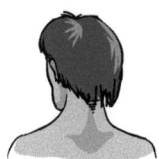

el cuello

gât

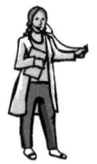

el hospital
spital

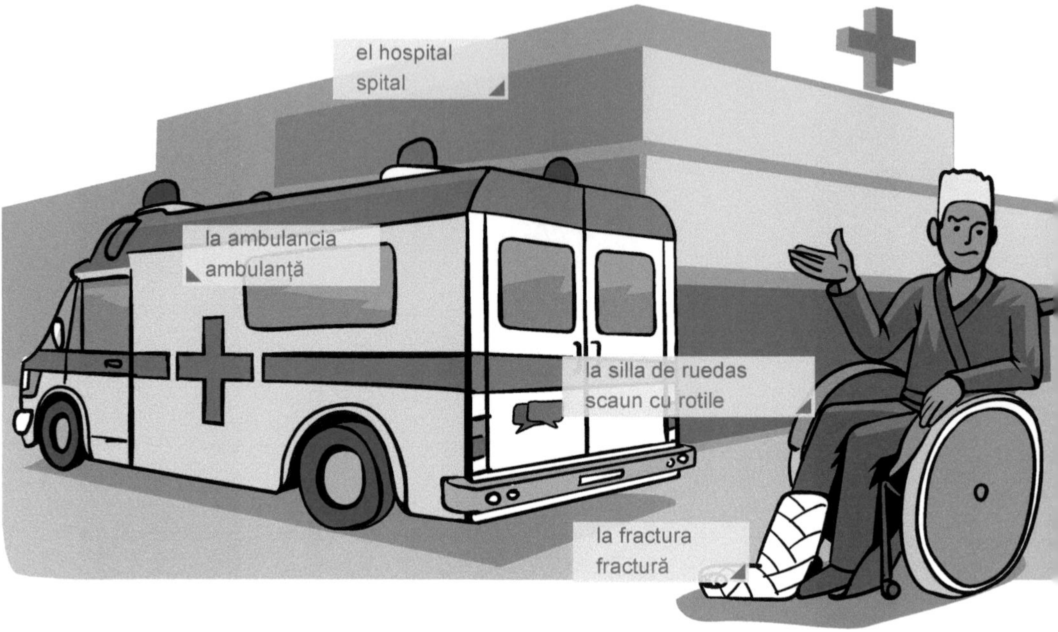

el hospital
spital
la ambulancia
ambulanță
la silla de ruedas
scaun cu rotile
la fractura
fractură

el médico

medic

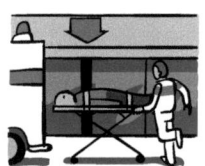

la sala de urgencias

unitate de primiri urgențe

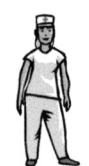

la enfermera

soră medicală

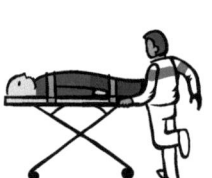

la urgencia

urgență

inconsciente

inconștient

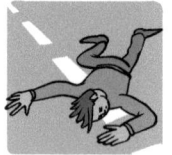

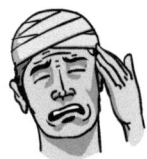

el dolor

durere

la lesión

leziune

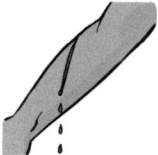

la hemorragia

sângerare

el infarto

infarct miocardic

el ictus

atac cerebral

la alergia

alergie

la tos

tuse

la fiebre

febră

la gripe

gripă

la diarrea

diaree

el dolor de cabeza

durere de cap

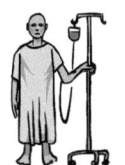

el cáncer

cancer

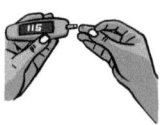

la diabetes

diabet

el cirujano

chirurg

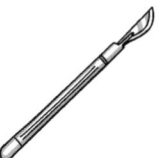

el bisturí

scalpel

la operación

operație

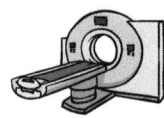

TAC

CT

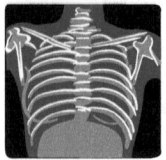

los rayos x

raze Röntgen

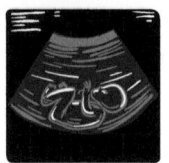

el ultrasonido

ultrasunet

la mascarilla

mască

la enfermedad

boală

la sala de espera

sală de așteptare

la muleta

cârjă

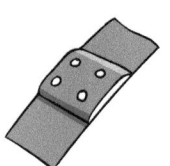

la tirita

plasture

la venda

bandaj

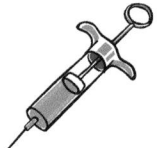

la inyección

injecție

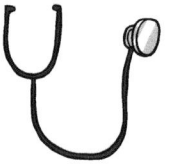

el estetoscopio

stetoscop

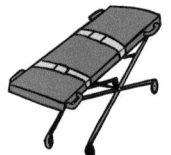

la camilla

targă

el termómetro

termometru

el nacimiento

naștere

el sobrepeso

supraponderabilitate

el audífono

aparat auditiv

el desinfectante

dezinfectant

la infección

infecţie

el virus

virus

VIH / SIDA

HIV/SIDA

la medicina

medicină

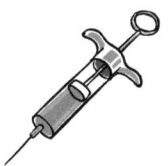

la vacunación

vaccin

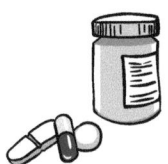

las tabletas

tablete

la pastilla

pastilă

la llamada de urgencia

apel de urgenţă

el tensiómetro

aparat de măsurare a
presiunii arteriale

enfermo / sano

bolnav/sănătos

¡Socorro!

Ajutor!

la alarma

alarmă

el asalto

agresiune

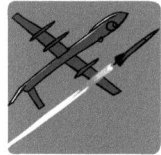

el ataque

atac

el peligro

pericol

la salida de emergencia

ieșire de urgență

¡Fuego!

Foc!

el extintor de incendios

extinctor

el accidente

accident

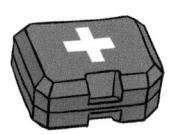

el botiquín de primeros auxilios

trusă de prim-ajutor

SOS

SOS

la policía

poliție

Europa

Europa

Norteamérica

America de Nord

Sudamérica

America de Sud

África

Africa

Asia

Asia

Australia

Australia

el atlántico

Altantic

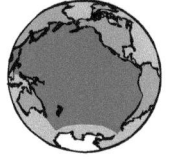

el Pacífico

Pacific

el Océano Índico

Oceanul Indian

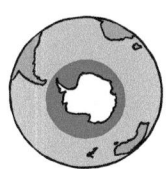

el Océano Antártico

Oceanul Antarctic

el Océano Ártico

Oceanul Arctic

el polo norte

Polul Nord

el polo sur

Polul Sud

La Antártida

Antarctica

la tierra

pământ

la tierra

țară

el mar

mare

la isla

insulă

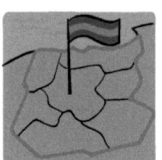

la nación

națiune

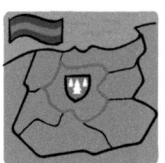

el estado

stat

la esfera

cadran

la manecilla de las horas

orar

el minutero

minutar

el segundero

secundar

¿Qué hora es?

Cât e ceasul?

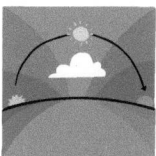

el día

zi

el tiempo

timp

ahora

acum

el reloj digital

cead digital

el minuto

minut

la hora

oră

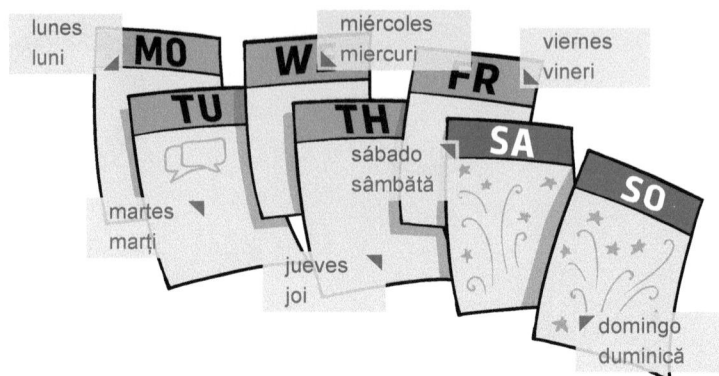

lunes
luni

miércoles
miercuri

viernes
vineri

martes
marți

sábado
sâmbătă

jueves
joi

domingo
duminică

ayer

ieri

hoy

azi

mañana

mâine

la mañana

dimineață

el mediodía

amiază

la tarde

seară

los días laborables

zile lucrătoare

el fin de semana

week-end

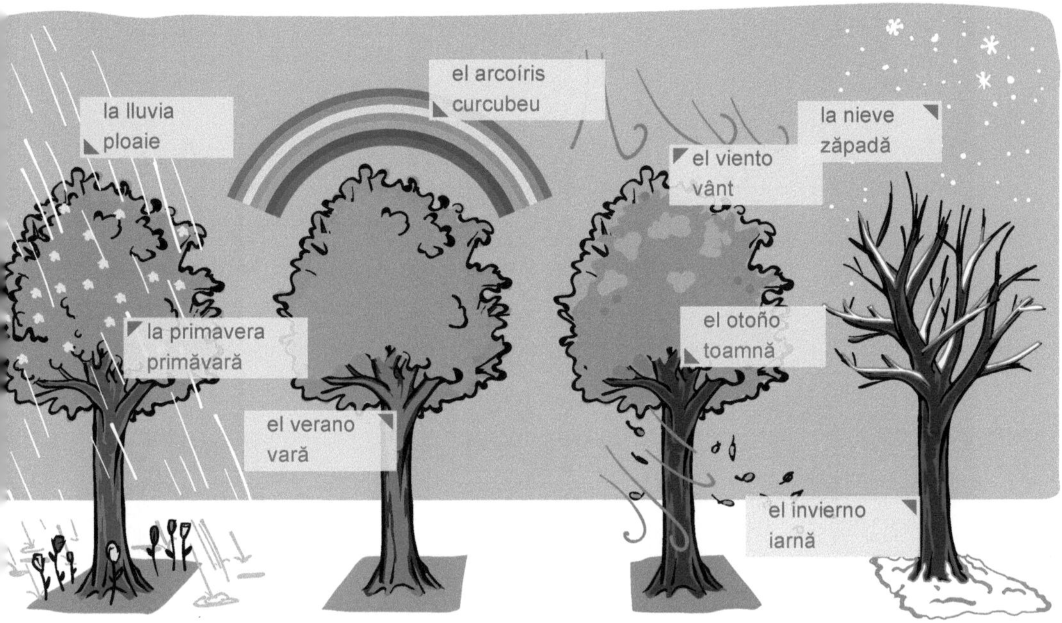

la lluvia
ploaie
el arcoíris
curcubeu
la nieve
zăpadă
el viento
vânt
la primavera
primăvară
el otoño
toamnă
el verano
vară
el invierno
iarnă

4.APRIL 11°
5.APRIL 4°
6.APRIL 13°
7.APRIL 8°
8.APRIL 10°

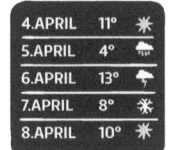

el pronóstico del tiempo

prognoză meteo

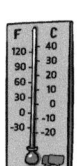

el termómetro

termometru

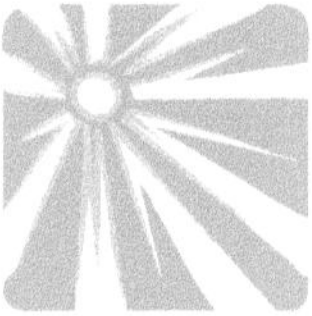

el sol

lumina soarelui

la nube

nor

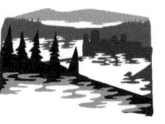

la niebla

ceață

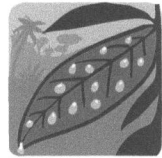

la humedad

umiditate a aerului

el rayo

fulger

el trueno

tunet

la tormenta

furtună

el granizo

grindină

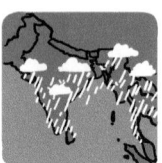

el monzón

muson

la inundación

inundație

el hielo

gheață

enero

ianuarie

febrero

februarie

marzo

martie

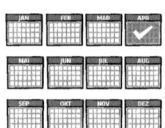

abril

aprilie

mayo

mai

junio

iunie

julio

iulie

agosto

august

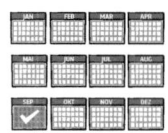

septiembre

septembrie

octubre

octombrie

noviembre

noiembrie

diciembre

decembrie

las formas
forme

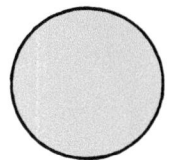

el círculo

cerc

el cuadrado

pătrat

el rectángulo

dreptunghi

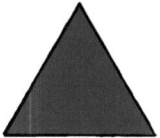

el triángulo

triunghi

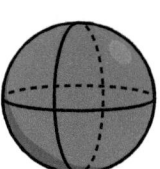

la esfera

sferă

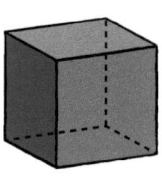

el cubo

cub

blanco

alb

amarillo

galben

anaranjado

portocaliu

rosa

roz

rojo

roșu

morado

violet

azul

albastru

verde

verde

marrón

maro

gris

gri

negro

negru

mucho / poco

mult/puțin

enojado / tranquilo

furios/calm

bonito / feo

frumos/urât

principio / fin

început/sfârșit

grande / pequeño

mare/mic

claro / oscuro

luminos/întunecat

el hermano / la hermana

frate/soră

limpio / sucio

curat/murdar

completo / incompleto

complet/incomplet

el día / la noche

zi/noapte

muerto / vivo

mort/viu

ancho / estrecho

lat/strâmt

comestible / no comestible

comestibil/necomestibil

malo / amable

rău/prietenos

entusiasmado / aburrido

emoționat/plictisit

gordo / delgado

gras/slab

primero / último

primul/ultimul

el amigo / el enemigo

prieten/inamic

lleno / vacío

plin/gol

duro / blando

tare/moale

pesado / ligero

greu/ușor

el hambre / la sed

foame/sete

enfermo / sano

bolnav/sănătos

ilegal / legal

ilegal/legal

inteligente / tonto

inteligent/stupid

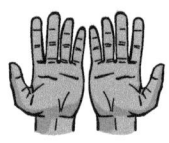

izquierda / derecha

stânga/dreapta

cerca / lejos

aproape/departe

nuevo / usado

nou/uzat

nada / algo

nimic/ceva

viejo / joven

bătrân/tânăr

encendido / apagado

pornit/oprit

abierto / cerrado

deschis/închis

silencioso / ruidoso

încet/tare

rico / pobre

bogat/sărac

correcto / incorrecto

corect/fals

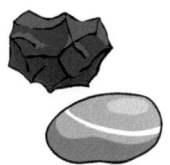

áspero / suave

aspru/neted

triste / contento

trist/fericit

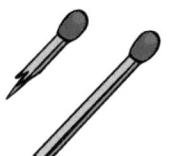

corto / largo

lung/scurt

lento / rápido

încet/repede

húmedo / seco

ud/uscat

cálido / frío

cald/rece

guerra / paz

război/pace

los números
cifre

0
cero
zero

1
uno
unu

2
dos
doi

3
tres
trei

4
cuatro
patru

5
cinco
cinci

6
seis
șase

7
siete
șapte

8
ocho
opt

9
nueve
nouă

10
diez
zece

11
once
unsprezece

12

doce

douăsprezece

13

trece

treisprezece

14

catorce

paisprezece

15

quince

cincisprezece

16

dieciséis

șaisprezece

17

diecisiete

șaptesprezece

18

dieciocho

optsprezece

19

diecinueve

nouăsprezece

20

veinte

douăzeci

100

cien

o sută

1.000

mil

o mie

1.000.000

el millón

un milion

los idiomas

limbi

el inglés

engleză

el inglés americano

engleză americană

el chino madarín

chineza mandarină

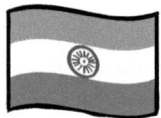

el hindi

hindi

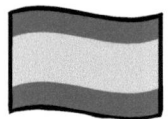

el español

spaniolă

el francés

franceză

el árabe

arabă

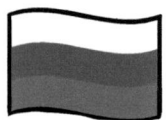

el ruso

rusă

el portugués

protugheză

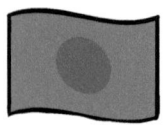

el bengalí

bengaleză

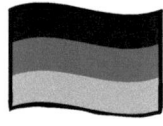

el alemán

germană

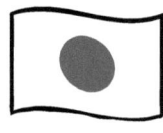

el japonés

japoneză

yo

eu

tú

tu

él / ella / ello

el/ea

nosotros/as

noi

vosotros/as

voi

ellos/as

ea

¿quién?

cine?

¿qué?

ce?

¿cómo?

cum?

¿dónde?

unde?

¿cuándo?

când?

el nombre

nume

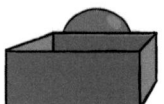

detrás

în spate

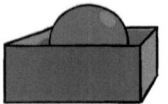

en

în

delante de

înainte

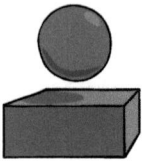

por encima de

peste

sobre

pe

debajo de

sub

junto a

lângă

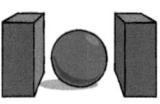

entre

între

el lugar

loc